This book belongs to

....

Ce livre appartient à

....

Copyright @ Olga Ritchie 2019

All rights reserved. No part of this publication may be reproduced, distributed, or transmitted in any form or by any means, including photocopying, recording, or other electronic or mechanical methods, without the prior written permission of the publisher, except in the case of brief quotations embodied in critical reviews and certain other non-commercial uses permitted by copyright law.

Olga Ritchie

We Are Dinosaurs
Nous Sommes Des Dinosaures

English-French Bilingual Book For Children

Livre bilingue anglais-français pour enfants

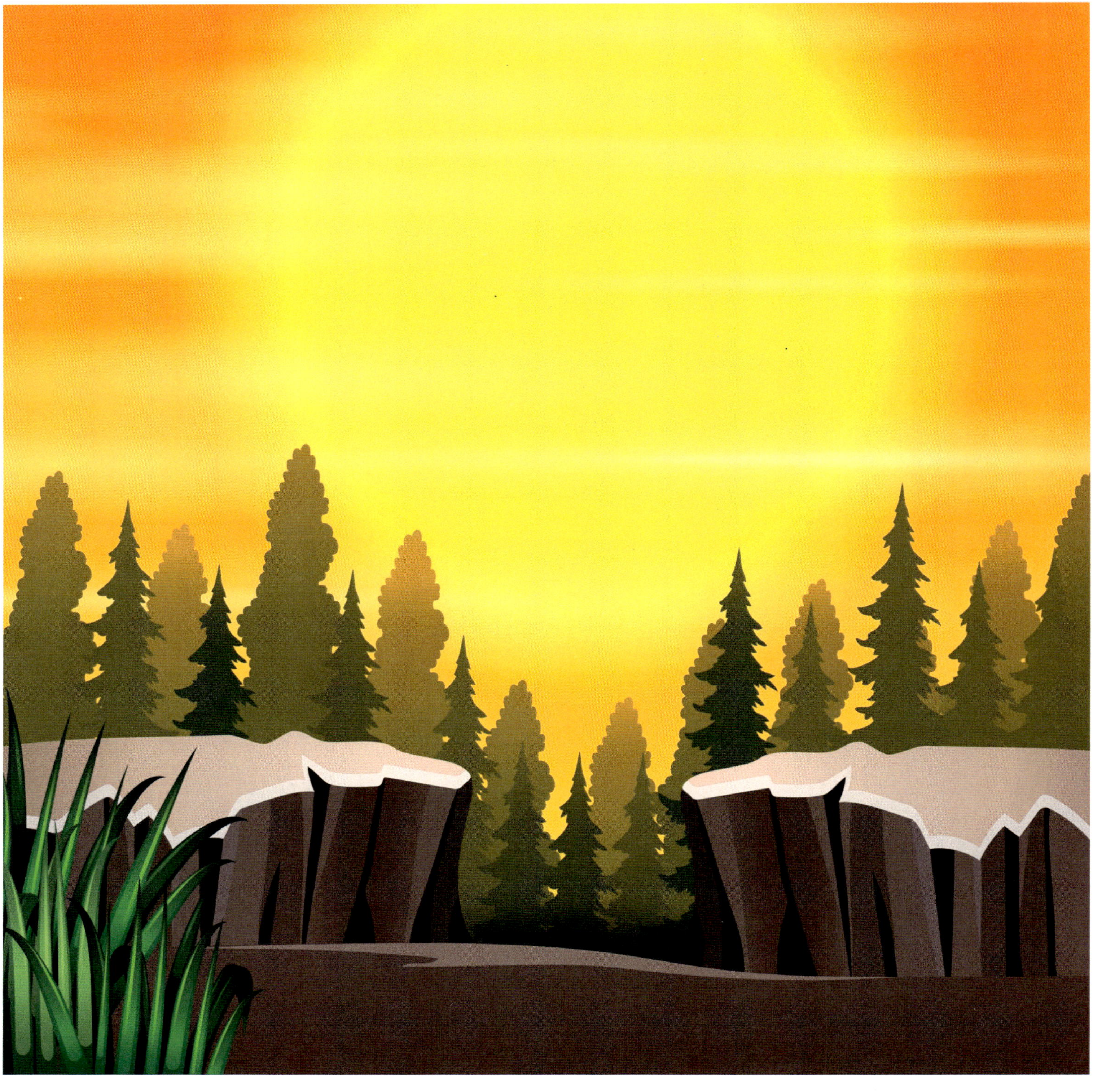

I am a pterodactyl. I fly really high!

Je suis un ptérodactyle. Je vole très haut.

I am a megalodon. I am the largest shark ever!

Je suis un mégalodon. Je suis le plus grand requin de tous les temps.

We are velociraptors. We hunt in a pack.

Nous sommes des vélociraptors.
Nous chassons en meute.

I am a triceratops. I have three horns.

Je suis un tricératops. J'ai trois cornes.

I am a Tyrannosaurus rex. I am the biggest predator.

Je suis un Tyrannosaurus Rex.

Je suis le plus grand prédateur.

I am a spinosaurus.

I like to eat fish.

Je suis un spinosaurus.

J'aime manger du poisson.

I am a stegosaurus. I carry bony plates on my back.

Je suis un stégosaure.

Je porte des assiettes osseuses sur mon dos.

I am a brachiosaurus.
I have a very long neck.
Je suis un brachiosaure.
J'ai un cou très long.

I am a stygimoloch. I can head-butt.

Je suis un stygimoloch.
Je peux donner des coups de tête.

I am an ankylosaurus. I am heavily armoured.

Je suis un ankylosaure. Je suis lourdement blindé.

I am an iguanodon. I have long fingers.

Je suis un iguanodon. J'ai de longs doigts.

I am a brontosaurus. I am a herbivore.

Je suis un brontosaure. Je suis un herbivore.

I am a plesiosaurus. I live in the sea.

Je suis un plesiosaurus. Je vis dans la mer.

I am a parasaurolophus. I have a crest on my head.

Je suis un parasaurolophus. J'ai une crête sur la tête.

I am a troodon. I am small but I have a sharp eye.

Je suis un troodon. Je suis petit mais j'ai l'oeil vif.

I am a mosasaurus. I look fierce.

Je suis un mosasaurus. J'ai l'air féroce.

I am a diplodocus. I look after my kids.

Je suis un diplodocus. Je m'occupe de mes enfants.

We are all dinosaurs. We are old.

Nous sommes tous des dinosaures.

Nous sommes vieux.

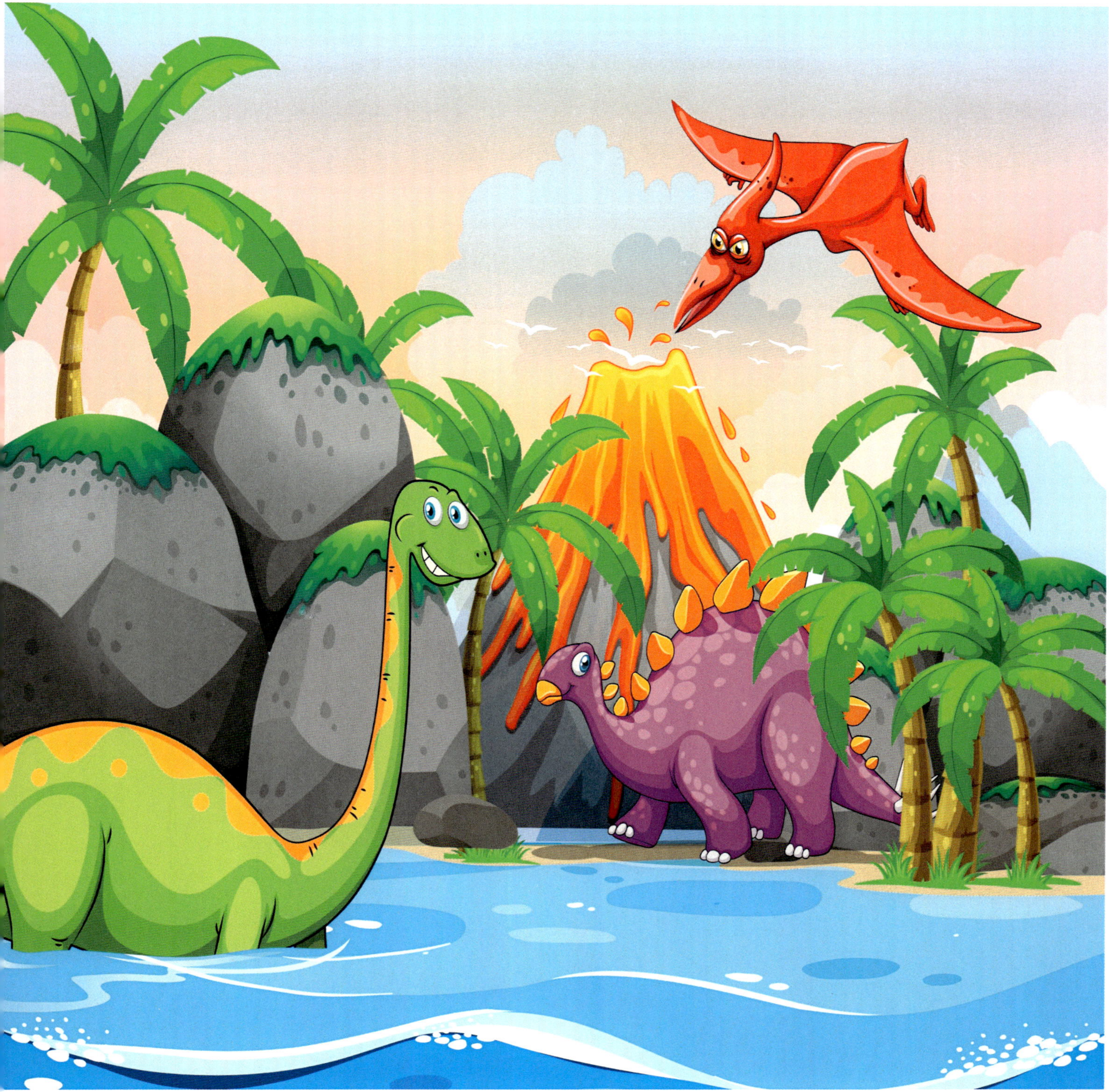

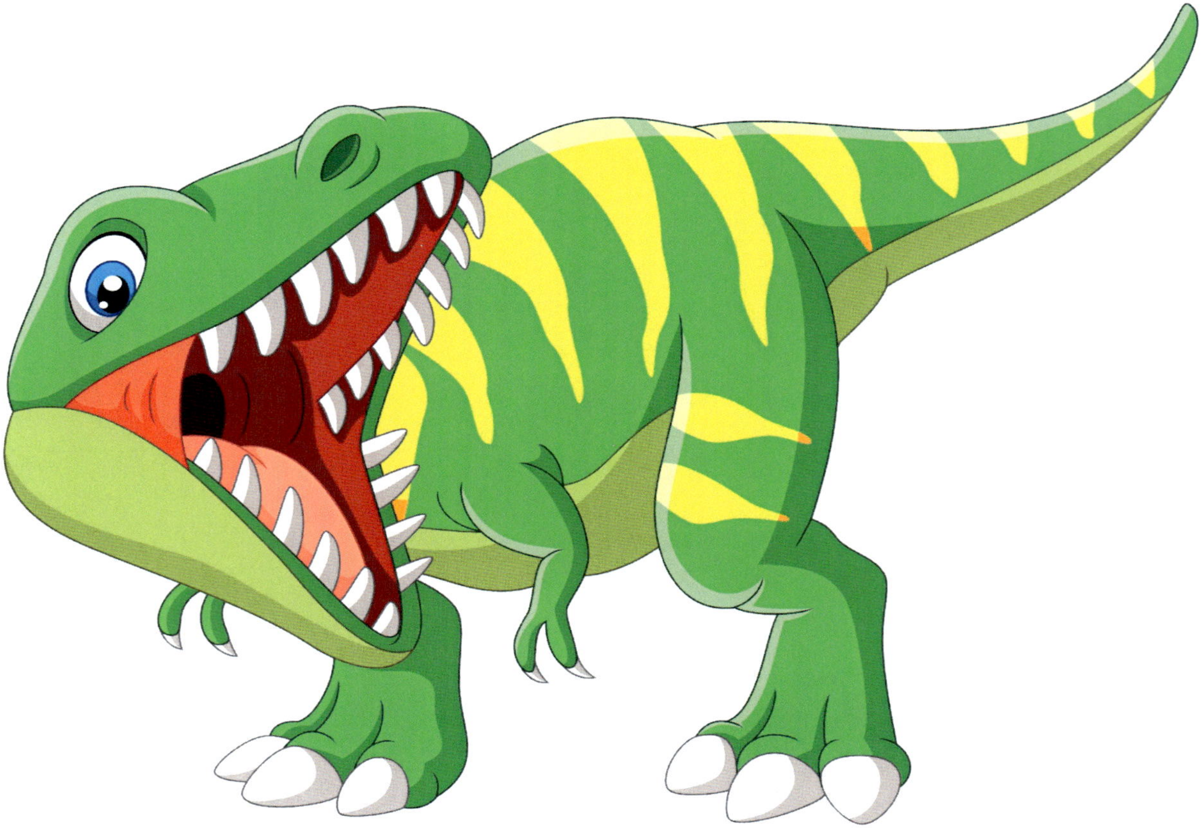

Manufactured by Amazon.ca
Bolton, ON